BEI GRIN MACHT SICH IHR WISSEN BEZAHLT

- Wir veröffentlichen Ihre Hausarbeit,
  Bachelor- und Masterarbeit

- Ihr eigenes eBook und Buch -
  weltweit in allen wichtigen Shops

- Verdienen Sie an jedem Verkauf

Jetzt bei www.GRIN.com hochladen und kostenlos publizieren

Marketing und Vertrieb in der Praxis. Marktformen, Elastizitäten und Spitzenlast-Preisbildung

Arno Peise

Bibliografische Information der Deutschen Nationalbibliothek:

Die Deutsche Nationalbibliothek verzeichnet diese Publikation in der Deutschen Nationalbibliografie; detaillierte bibliografische Daten sind im Internet über http://dnb.d-nb.de abrufbar.

ISBN: 9783346437334
Dieses Buch ist auch als E-Book erhältlich.

© GRIN Publishing GmbH
Nymphenburger Straße 86
80636 München

Druck und Bindung: Books on Demand GmbH, Norderstedt Germany
Gedruckt auf säurefreiem Papier aus verantwortungsvollen Quellen

Das Buch bei GRIN: https://www.grin.com/document/1026983

Deutsche Hochschule für
Prävention und Gesundheitsmanagement
Hermann Neuberger Sportschule 3
66123 Saarbrücken

Einsendeaufgabe

Fachmodul: Marketing und Vertrieb I

Studiengang: Gesundheitsmanagement

Datum
Präsenzphase **04.01.2021 – 06.01.2021**

Name, Vorname: Peise, Arno

Studienort: **Köln**

Semester: **Sommersemester 2020**

Inhaltsverzeichnis

1 Marktformen

Im ersten Kapitel werden Grundlagen des Marktmechanismus erläutert und auf Wirtschaftsbeispiele angewendet.

1.1 Demographischer Wandel im Polypol

Im Folgenden wird dargestellt, wie sich der demographische Wandel auf Fitness- und Gesundheitsdienstleistungen für Ältere Menschen im Polypol auswirkt.

1.1.1 Demographischer Wandel

In der Demographie werden Größe, Wachstum, Dichte und Veränderungen der Bevölkerung analysiert und beschrieben. Zudem erfolgt eine Auswertung dieser Auswirkungen auf das Sozial- und Wirtschaftssystem (RKI & Destatis, 2015, S. 434–439). In diesem Zusammenhang versteht man unter dem demographischen Wandel in Deutschland das Altern und Schrumpfen der Bevölkerung durch das Sinken der Geburtenrate und die Zunahme der durchschnittlichen Lebenserwartung (Destatis, 2021).

1.1.2 Polypol

Das Polypol ist in seiner idealtypischen Marktform von einer großen Anzahl an Marktteilnehmern auf der Angebots- und Abnehmerseite geprägt (Kortmann, 2006, S. 358). Durch die Vielzahl an Marktteilnehmern entsteht ein intensiver Wettbewerb und die Marktmacht verteilt sich aufgrund der geringen einzelnen Marktanteile auf die Anbieter und Nachfrager gleichmäßig. Durch den geringen Marktanteil haben Anbieter und Nachfrager keine direkte Möglichkeit den Marktpreis zu beeinflussen. Sie handeln demnach unter vollständiger Konkurrenz und der Anbieter hat lediglich die Möglichkeit seinen Gewinn über die angebotene Menge zu regulieren. Zudem gibt es keinerlei Markteintrittsbarrieren (bpb, 2016).

Im vollkommenen Polypol herrscht eine absolute Homogenität der Güter (Mankiw, 2004, S. 68). Es existiert zu jeder Zeit eine vollständige Transparenz an Informationen. Da unendlich schnell auf Änderungen im Markt reagiert wird; sind die Anbieter gezwungen ihre Waren zu einheitlichen Preise anzubieten. Denn bei abweichenden Preisen würden die Abnehmer aufgrund der Homogenität sofort zu einem anderen Anbieter wechseln und ihr Konsumverhalten anpassen (Kortmann, 2006, S. 352 ff.). Die Besonderheit ist demnach, dass der Preis durch die Homogenität der Güter einheitlich ist und ausschließlich durch den Marktmechanismus bestimmt wird.

1.1.3 Fitness- und Präventionsdienstleistungen für Ältere im Polypol

Durch den demographischen Wandel steigt die Anzahl der älteren Menschen im Verhältnis zur Gesamtbevölkerung an. Das führt zu einem Nachfrageüberschuss für Fitness- und Präventionsdienstleistungen für Ältere. Die am Markt befindlichen Unternehmen passen ihre Produktionsmenge dahingehend an, dass sie die gewinnmaximale Menge produzieren würden um diese gesteigerte Nachfrage zu bedienen. Die Unternehmen erreichen jedoch ab einer bestimmten produzierten Menge ihren Grenznutzen. Da eine vollständige Informationstransparenz herrscht und keinerlei Markteintrittsbarrieren existieren, werden mit steigender Zahl älterer Menschen auch weitere Unternehmen in den Markt eintreten und ein vergleichbares, homogenes Gut zum selben Preis anbieten. Der Preis wird sich jedoch im gesamten Prozess nicht verändern, auch wenn die Nachfrage zunimmt.

1.2 Kurzfristige Änderungen für ein einzelnes Unternehmen

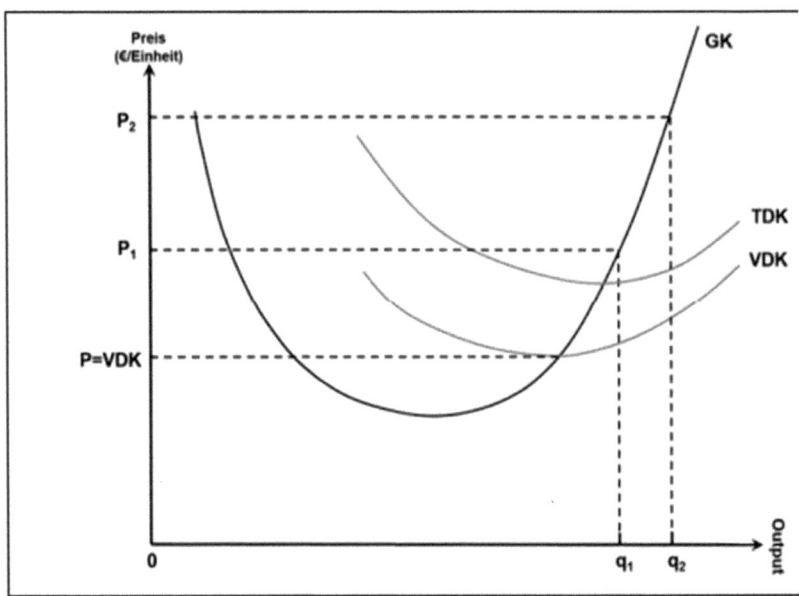

Abb 1: Kurzfristige Angebotskurve (modifiziert nach Pindyck & Rubinfeld, 2013, S. 396)

Die Abbildung 1 stellt dar, wie sich Preis und Produktion auf kurzfristige Sicht bei einem Unternehmen verändern, wenn das angebotene Gut eine steigende Nachfrage erfährt.

Der Schnittpunkt der durchschnittlichen Gesamtkostenkurve (TDK) und der Grenzkostenkurve (GK) kennzeichnet den Punkt für ein Unternehmen, bei welchem kostendeckend produziert wird. Wir gehen im Folgenden davon aus, dass der Punkt mit der Produktionsmenge q_1 und dem Preis P_1 den Ausgangspunkt vor der steigenden Nachfrage darstellt. Das Unternehmen erwirtschaftet demnach bereits Gewinne in der Höhe der gestrichelten Linie vom angesprochenen Punkt (q_1/P_1) bis senkrecht nach unten zur Linie der TDK.

Es kann viele Gründe geben, weshalb die Nachfrage nach einem Produkt steigt. In jedem Fall wird ein Unternehmen die eigene Produktionsmenge erhöhen, um den nun vorherrschenden Nachfrageüberschuss zu decken. Da das Gut nicht in ausreichender Menge vorliegt, sind Kunden ebenfalls bereit einen höheren Preis für das Produkt zu zahlen. Die Produktionsmenge für das Unternehmen wird durch den Punkt P_2/G_2 beschrieben. Das

5

bedeutet, dass hier der Gewinn pro produziertem Gut am höchsten ist. Denn eine höhere Produktionsmenge würde dafür sorgen, dass die Grenzkosten die Grenzerlöse übersteigen (Pindyck & Rubinfeld, 2013, S. 396–397). Aus dieser ermittelten Produktionsmenge q_2 lässt sich der Preis P_2 ableiten. Aus dem sich nun ergebenden Punkt(q_2/P_2) lässt sich wiederum der neue Gewinn für das Unternehmen ablesen. Die Strecke zwischen den Punkt, senkrecht bis zur TDK, stellt den neuen, kurzfristigen Gewinn für das Unternehmen dar.

1.3 Kurzfristige und langfristige Effekte

Tabelle 1: Unterschied kurzfristiger und langfristiger Effekte (eigene Darstellung)

	Kurzfristige Effekte	Langfristige Effekte
Produktnachfrage	Unverändert hoch	Unverändert hoch
Anzahl der Anbieter	Niedrig	Steigend
Überschuss	Nachfrageüberschuss	Kein Überschuss
Preis	Steigend	Fallend
Gewinn	Steigend	Fallend
Produktionsmenge	Steigend	Fallend

Bei einer plötzlich auftretenden erhöhten Nachfrage ist zwischen einer kurzfristigen und langfristigen Entwicklung des Marktes zu unterscheiden. Tabelle 1 stellt die wesentlichen Unterschiede der kurzfristigen und langfristigen Effekte dar. Im Zeitverlauf steigen aufgrund des Nachfrageüberschuss neue Anbieter in den Markt ein. Durch das Gleichgewicht zwischen Anbietern und Nachfragern sinkt die Marktmacht der Anbieter wieder ab. Sie sind somit gezwungen wieder zu einem niedrigeren Preis eine geringere Menge zu produzieren. Somit sinkt der Gewinn langfristig wieder ab.

1.4 Langfristige Marktanpassung

Aufgrund der gestiegenen und anhaltend hohen Nachfrage an der Dienstleistung steigt auch die Nachfrage nach Fitnessfachkräften gleichmäßig mit an. Jedoch befindet sich am Markt eine nicht ausreichend hohe Anzahl an qualifiziert ausgebildeten Fachkräften. Durch den Einstieg von Mitbewerbern in das lukrativ wirkende Geschäft sinkt wie in 1.3 beschrieben der Preis und die Absatzmenge eines einzelnen Unternehmens wieder ab. Somit sind Unternehmen gezwungen den Produktionsfaktor Arbeit effektiver einzusetzen um kostendeckend weiter am Markt bestehen zu können. Ab einer gewissen Menge an Anbietern muss sich jedoch der Marktpreis langfristig erhöhen, damit Verluste am Markt vermieden werden können (Pindyck & Rubinfeld, S. 420–421).

2 Preis- und Nachfrageelastizität

Angebot und Nachfrage werden durch verschiedene Faktoren am Markt beeinflusst. Eine Änderung von Rahmenbedingungen am Markt hat oft eine Anpassung am Markt zur Folge. Als Elastizität bezeichnet man die relative Anpassung einer Variable an eine sich ändernde zweite Variable (Pindyck & Rubinfeld, 2013, S. 65).

Die Preiselastizität der Nachfrage ist ein spezielles Maß dafür, wie stark sich bei einer Preisänderung die nachgefragte Menge eines Gutes verändert. Je stärker die Reaktion auf eine Preisänderung ausfällt, umso elastischer ist der Zusammenhang. Wenn die nachgefragte Menge bei starken Preisvarianzen gering ausfällt spricht man von einer unelastischen Nachfrage (Baßeler et al., 2002, S. 107). Bei einem Wert unter 1 existiert eine unelastische Nachfrage, bei genau 1 gibt es einen linearen Zusammenhang und über 1 ist eine elastische Nachfrage vorliegend.

2.1 Monopolistische Konkurrenz

In der monopolistischen Konkurrenz bedienen mehr Anbieter als im Oligopol den Markt. Eine vollkommene Konkurrenzsituation liegt jedoch nicht vor, da der Monopolist häufig durch Patent- oder Markenrechte geschützt ist (Stiglitz & Walsh, 2010, S. 315). Die Mitbewerber haben ein Produkt, welches für den Abnehmer kein vollkommenes Substitut darstellt, aber die Marktmacht anderer Anbieter begrenzt. Auf Grundlage der Erkenntnisse von Kortmann (2006, S. 516) wird die Bedeutung der Nachfrageelastizität bei Preisänderungen in der monopolistischen Konkurrenz dargestellt.

Tabelle 2: Nachfrageanpassung in monopolistischer Konkurrenz (eigene Darstellung)

	Elastizität < 1	Elastizität = 1	Elastizität > 1
Geringe Erhöhung	Absatz kaum geringer	Absatz geringer	Absatz viel geringer
Starke Erhöhung	Absatz geringer	Absatz viel geringer	Absatz sehr viel geringer
Geringe Senkung	Absatz kaum höher	Absatz höher	Absatz viel höher
Starke Senkung	Absatz höher	Absatz viel höher	Absatz sehr viel höher

Die Tabelle 2 stellt den Effekt bei Preisanpassungen und den Elastizitätsarten bei monopolistischer Konkurrenz dar. Es gilt zudem, je höher die Substituierbarkeit ausfällt, umso stärker ist der Effekt bei allen Elastizitäten.

Geringe Preiserhöhung

Grundsätzlich ist bei einer Preiserhöhung mit einem leichten Rückgang der Nachfragemenge und Nachfrager zu rechnen. Abhängig von der Substitutionsfähigkeit und der damit verbundenen Elastizität der Nachfrage fällt dieser Nachfragerückgang unterschiedlich stark aus. Je größer sich die Elastizität der Nachfrage darstellt, umso mehr wird die Absatzmenge und die Kundenanzahl zurückgehen. Nur bei einer sehr starken Nachfrageelastizität ist mit einem Absatzrückgang von 100% zu rechnen.

Erhebliche Preiserhöhung

Bei einer erheblichen Preiserhöhung ist mit einem starken Rückgang der Abnehmer und der Absatzmenge zu rechnen. Auch hier stellt jedoch die Elastizität den Faktor dar, wie stark der Effekt ausfällt. Es kann bei sehr starken Änderungen oder bei starken Elastizitäten dazu kommen, dass der Absatz auf null sinkt. Es besteht demnach die Gefahr bei zu starken Erhöhungen aus dem Markt auszuscheiden.

Geringe Preissenkung

Bei einer geringen Preissenkung ist mit einer leichten Zunahme der Nachfragemenge und der Nachfrager zu rechnen. Die Nachfrageelastizität legt hier ebenfalls fest wie stark diese Zunahme ausfällt. Es gilt ebenfalls, je besser die Produkte substituierbar sind, umso stärker fällt die Zunahme der Kundenanzahl und der nachgefragten Menge aus.

Erhebliche Preissenkung

Eine erhebliche Preissenkung hat zur Folge, dass der Absatz stark ansteigen wird. Das kann den Anbieter an seine Produktionsgrenzen bringen und zu einer Erhöhung der Durchschnittskosten führen. Bei einer geringen Nachfrageelastizität fällt dieser Effekt geringer als bei einer hohen Nachfrageelastizität aus.

2.2 Werbung in der monopolistischen Konkurrenz

Werbung hat für die Preisbildung und damit den Gewinn eines Unternehmens in einem unvollkommenen Markt eine große Bedeutung (Stiglitz & Walsh, 2010, S. 401). Wie bereits in Kapitel 2.1 dargestellt ist die Anpassung der nachgefragten Menge bei Preisänderungen in der monopolistischen Konkurrenz von der Nachfrageelastizität, demnach auch von der Substituierbarkeit des Gutes abhängig. Die Substituierbarkeit ist auch eine subjektive Wahrnehmung der Abnehmer. Je mehr die Abnehmer das angebotene Gut als einzigartig wahrnehmen, umso größer wird die Markenloyalität und der Kunde ist bereit einen höheren Preis zu zahlen. Damit steigt die Marktmacht des Anbieters. Dieser gewünschte Effekt lässt sich durch Werbung verstärken indem die Unterschiede zu den Konkurrenzprodukten herausgearbeitet und als Alleinstellungsmerkmal vermarktet werden (Beck, 2008, S. 167).

Das erste Ziel von Werbung ist demnach die Eigenschaften von Produkten als Alleinstellungsmerkmal darzustellen, um die Steigung der Nachfragekurve zu verändern. Das zweite Ziel ist es die Nachfragekurve nach außen zu verschieben, um Kunden von Mitbewerbern, oder von anderen Produkten zu gewinnen (Stiglitz & Walsh, 2010, S. 402). Abbildung 2 stellt die Effekte auf den Gewinnzuwachs durch Werbung gesammelt dar. Zum einen wird die Nachfragekurve nach außen verschoben, sodass der Preis von P_1 auf P_3 erhöht werden kann. Zum anderen wird dadurch die Grenzerlöskurve nach oben verschoben, sodass die Verkaufsmenge von Q_1 auf Q_2 ansteigt. Der generierte Gewinn lässt sich demnach aus der Fläche ABCD + der Fläche EFG abzüglich der Kosten die die Werbung verursacht zusammenfassen (Stiglitz & Walsh, 2010, S. 402-403).

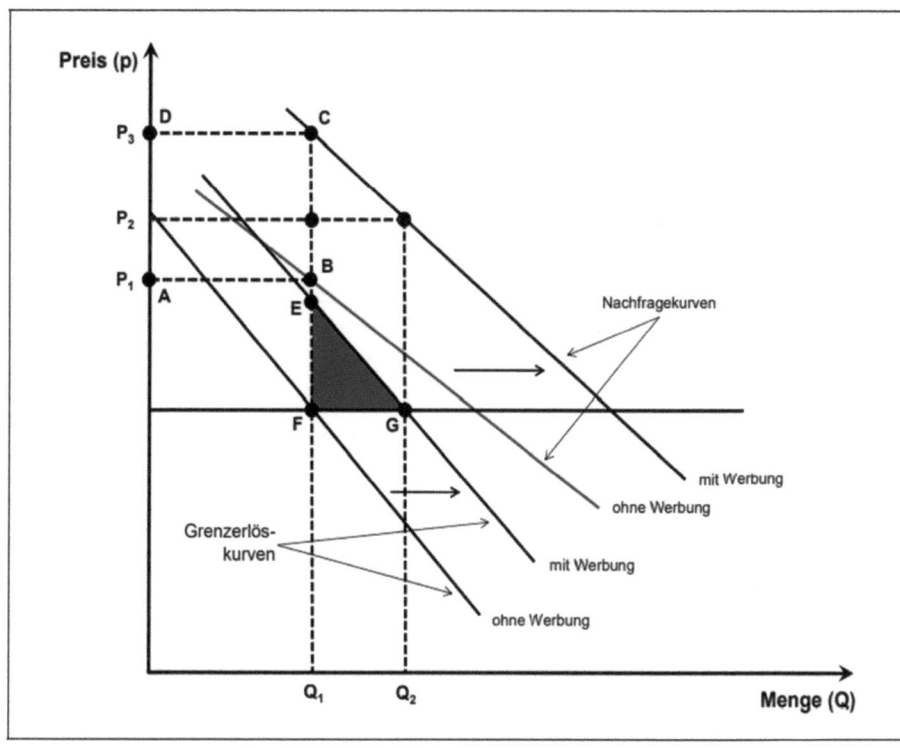

Abbildung 2: Effekte von Werbung auf den Gewinn (modifiziert nach Stiglitz & Walsh, 2010, S. 402)

3 Asymmetrische Informationen

In der Realität ist die Annahme, dass alle Informationen frei verfügbar sind nicht immer zutreffend. So ist es beispielsweise denkbar, dass Anbieter mehr Informationen über ihr Produkt haben als potenzielle Abnehmer und diese Lücke nur durch den Aufwand von Kosten geschlossen werden kann (Varian, 2011, S. 803). Man spricht bei dieser Informationslücke von asymmetrischen Informationen (Pindyck & Rubinfeld, 2013, S. 844).

3.1 Asymmetrische Informationen

Der Mechanismus am Markt, wenn Kunden ohne Nutzungsmöglichkeiten nicht zwischen der Qualität von mehreren Angeboten unterscheiden können wird folgend an zwei Beispielen aus der Präventionsdienstleistung dargestellt.

3.1.1 „Adverse selection"

Ausgangslage ist, dass unser Unternehmen eine hohe Dienstleistungsqualität und ein Mitbewerber eine geringere Qualität zum gleichen Preis anbieten. Der Unterschied ist den am Markt befindlichen Unternehmen bewusst. Ohne die verschiedenen Dienstleistungen zu testen ist jedoch für den Kunden der Qualitätsunterschied nicht ersichtlich. Es herrschen demnach asymmetrische Informationen nach Pindyck & Rubinfeld (2013, S. 844).

Aufgrund der vorherrschenden Informationsasymmetrie zieht die Hälfte der Kunden das Angebot mit der niedrigeren Qualität vor, da beide Angebote als substituierbar wahrgenommen werden. Selbst Kunden, welche eine hochwertige Präventionsdienstleistung suchen, werden zum Teil die vermeintlich falsche Wahl treffen. Man spricht in diesem Fall von einer adversen Selektion, da aufgrund der fehlenden Informationen die falsche Entscheidung getroffen wird (Mankiw, 2004, S. 519).

Für den Markt bedeutet das, dass zu viele minderwertige Dienstleistungen und zu wenig hochwertige Dienstleistungen verkauft würden (Gawel, 2009, S. 814). Aufgrund der unterschiedlichen Kostenkurven der Anbieter kann das Problem der adversen Selektion im schlimmsten Fall zur Zerstörung des Marktes führen (Varian, 2011, S. 808).

3.1.2 „Market for Lemon Problem"

In einem zweiten Szenario, dem „Lemon Problem" sind die Preise unterschiedlich hoch und entsprechen der Dienstleistungsqualität (Pindyck & Rubinfeld, 2013, S. 847).

So bietet unser Unternehmen einen Kurs für die Rückenprävention beispielsweise für 100 € und der Mitbewerber (Lemon) für 50 € an. Das Bewertungskriterium der potentiellen Kunden ist aufgrund der vorherrschenden Informationsasymmetrie ausschließlich der Preis. Die Zahlungsbereitschaft für eine durchschnittlich hohe Dienstleistung ergibt sich aus dem Durchschnittspreis der am Markt befindlichen Unternehmen, demnach 75 €. Wenn die potentiellen Kunden nun das Verkaufsgespräch auf Grundlage ihrer Zahlungsbereitschaft mit den Anbietern führen, werden wir unsere Dienstleistung für 100€ nicht verkaufen können, der Mitbewerber hingegen schon.

Da wir unsere Dienstleistung nicht mit dem angesetzten Preis durchsetzen können gibt es nur zwei Optionen. Einerseits kann das Geschäft vollkommen aufgegeben werden, da die Kosten ohne Absatz nicht gedeckt sind, andererseits kann die eigene Qualität und der Preis an den Mitbewerber angepasst werden. Die Folge wäre, dass ausschließlich minderwertige Rückenpräventionskurse am Markt verkauft werden. Im Schlimmsten Fall führt dieses „Lemon Problem" zum Versagen des Marktes, da sich der minderwertigste Anbieter durchsetzt (Varian, 2011, S. 805).

3.2 Signaling am Arbeitsmarkt

Wie in vielen anderen Bereichen herrschen auch am Arbeitsmarkt asymmetrische Informationen (Varian, 2011, S. 812). In der Regel weiß der Bewerber mehr über die Qualität seiner Arbeitskraft und hat damit einen Informationsvorsprung gegenüber dem Unternehmen. Es ist demnach sinnvoll für ein Unternehmen bestimmte Signale als Indikatoren für eine gute Arbeitskraft als Auswahlkriterium festzulegen (Mankiw, 2004, S. 520). Ebenso hat ein Bewerber mit einer hohen Arbeitskraft großes Interesse daran sich mit diesem Signal von unqualifizierteren Bewerbern abzusetzen. Ein solcher Indikator kann beispielsweise das Ausbildungsniveau sein (Demmler, 2000, S. 226). Denn je höher oder besser der Abschluss, umso wahrscheinlicher ist es, dass der Bewerber eine gewisse Produktivität und Qualität aufweist (Pindyck & Rubinfeld, 2013, S. 854). Das Signaling ist demnach notwendig, um Qualitätsunterschiede von Bewerbern zu identifizieren, ohne sie direkt einstellen zu müssen. So werden unnötige Kosten für das Unternehmen vermieden (Demmler, 2000, S. 226). Der gleiche Sachverhalt ist auf viele andere Wirtschaftsbereiche bei denen hohe Qualität vermittelt werden soll mit einem ähnlichen Ziel übertragbar.

Damit ein Bewerber Belastbarkeit und Lernfähigkeit präsentiert, ist die Studiendauer und die Abschlussnote für Arbeitgeber entscheidend. Angenommen dieser Wert der Ausbildung (Studiendauer, Noten etc.) wäre ein Index (y). Je höher dieser Index ausfällt, umso hochwertiger und wertvoller ist das Signal an den Arbeitgeber. Eine Ausbildung ist mit realen Kosten, wie beispielsweise den Studiengebühren oder Nachhilfestunden oder Opportunitätskosten für entgangene Löhne verbunden. So würde für eine Ausbildung mit gleichem Index ein produktiver Bewerber vermutlich weniger Kosten aufwenden als ein unproduktiver Bewerber (Pindyck & Rubinfeld, 2013, S. 855). Da dieser Zusammenhang besteht, kann ein Unternehmen nun ein gewisses Ausbildungsniveau für einen bestimmten Lohn voraussetzen. Sodass bei der Auswahl der Bewerber unmittelbar solche aussortiert werden, welche das vorausgesetzte Ausbildungsniveau nicht vorzeigen können. So kann das Unternehmen sicherstellen, dass auf eine ausgeschriebene Stelle ausschließlich qualifizierte und produktive Bewerber zur Verfügung stehen. Dieser Zusammenhang lässt sich auch anhand von Abbildung 3 grafisch darstellen.

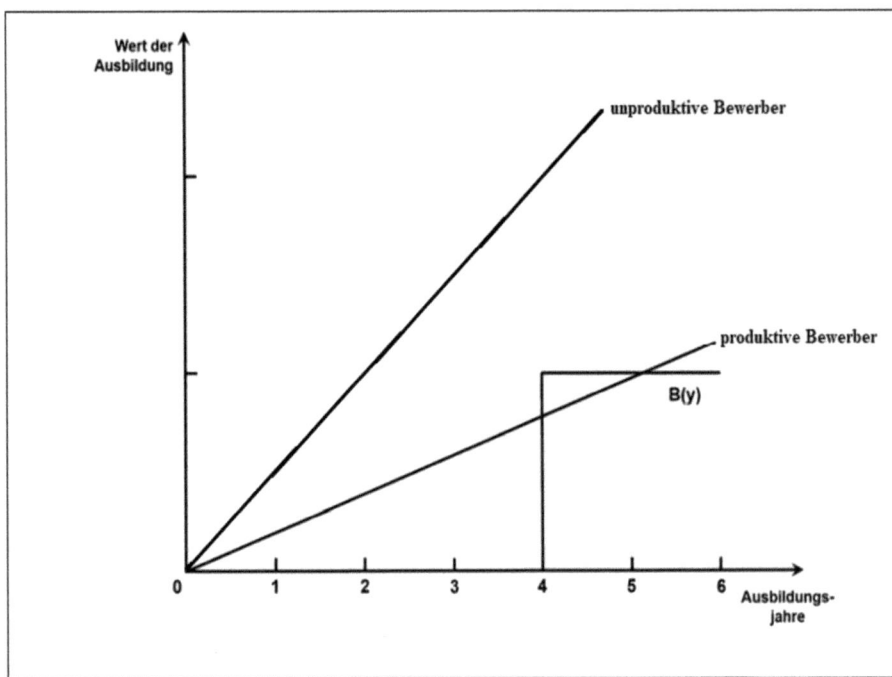

Abbildung 3: Marktsignalisierung (modifiziert nach Pindyck & Rubinfeld, 2013, S. 856)

Wenn ein Unternehmen zwei Gehälter festsetzt, welche jeweils den produktiven und unproduktiven Mitarbeitern zugeteilt werden sollen, stellt B(y) die Voraussetzung dar, die erfüllt werden muss um das höhere Gehalt zu verdienen. Der produktive Bewerber erfüllt die Voraussetzung aufgrund seiner niedrigeren Kosten für die Ausbildung. Der unproduktive Bewerber hingegen nicht. Die Kosten welche er aufwenden müsste um das gewünscht Ausbildungsniveau zu erreichen stehen in keinem Verhältnis zu dem zu erreichenden höheren Lohn. Somit wird er das höhere Ausbildungsniveau nicht anstreben.

(Pindyck & Rubinfeld, 2013, S. 856). Es werden demnach produktive Bewerber immer die höhere Ausbildung anstreben, da ihre damit verbundenen Kosten geringer als das zu erwartende höhere Gehalt ausfallen. Unproduktive Bewerber werden die höhere Ausbildung nicht anstreben, da die damit verbundenen Kosten den zu erwartenden Gehaltszuwachs überschreiten (Pindyck & Rubinfeld, 2013, S. 857).

Wenn der Bildungsabschluss, beispielsweise das Studium zu leicht zu erreichen ist, sinken die Graphen aus Abbildung 3 für beide Bewerbergruppen ab, da die mit der Ausbildung verbundenen Kosten fallen. Im schlechtesten Fall sinkt der Graph für die unproduktiven Bewerber so weit, dass er die Einstellungsvoraussetzung B(y) schneidet. So würde dem Arbeitgeber die Möglichkeit genommen produktive und unproduktive Bewerber voneinander zu unterscheiden. Aus Sicht eines produktiven Bewerbers würden die Chancen die höher bezahlte Stelle zu besetzen somit auch sinken.

3.3 Praxisanwendung

Asymmetrische Informationen beherrschen ebenfalls den Fitnessmarkt. Dementsprechend haben Anbieter hoher Qualitäten ein großes Interesse daran ihren Qualitätsvorsprung den Konsumenten zu signalisieren. Hierzu kann beispielsweise eine Zufriedenheits- oder Geld-zurück-Garantie genutzt werden, um die Barriere zum Vertragsabschluss zu verringern und Qualitätssicherheit zu vermitteln (Varian, 2011, S. 812). Ein Unternehmen kann zudem engagiert darin sein, sein Image über Informationsvermittler im Internet zu verteilen, beispielsweise in Rating,- oder Branchenportalen. Auch Werbung stellt einen starken Mechanismus dar, um sich von Mitbewerbern qualitativ abzusetzen. So ist Werbung beispielsweise dienlich, um den Wettbewerb zu erhöhen (Stiglitz & Walsh, 2010, S. 401). Sie schafft ebenfalls höhere Eintrittsbarrieren in der Branche (Beck, 2008, S. 167). Diese Sachverhalte werden folgend anhand von zwei Beispielen dargestellt und erläutert.

Bodystreet GmbH

Bodystreet ist im deutschsprachigen Raum als Franchisesystem Marktführer im Segment der Special-Interest-EMS-Studios. Dieser Aspekt und die mittlerweile über 300 vorhandenen Studios setzen eine klare quantitative und qualitative Abgrenzung zu anderen vergleichbaren Franchisesystemen. Durch die Kommunikation über die Homepage (Bodystreet, 2021a) und die Social-Media Kanäle, wird dieser Marktvorsprung klar verdeutlicht (Bodystreet, 2021b). Somit wird die Informationslücke zwischen Franchisesystem und potenziellen Franchisenehmern geschlossen und ein Vorteil durch die Informationsweitergabe gegenüber den Mitbewerbern erzielt.

Der zweite Aspekt ist die Kommunikation zur Gewinnung bestmöglicher Mitarbeiter auf dem Gesundheitsmarkt. Bodystreet nutzt hochwertige Werbevideos ihrer Kick-Off-Veranstaltungen um einen modernen und jungen Eindruck auf dem Arbeitsmarkt zu erzeugen (Bodystreet, 2019a). Hierbei wird das Team in den Mittelpunkt gestellt und durch die Videos eine große Gemeinschaft innerhalb des Franchisesystems suggeriert. Die Verbreitung erfolgt ebenfalls auf den Social-Media-Kanälen für eine möglichst große Reichweite (Bodystreet, 2019b). Durch diese Maßnahme setzt sich Bodystreet klar von Mitbewerbern der Branche im Kampf um die besten Arbeitnehmer ab.

Der dritte Aspekt ist die Kommunikation gegenüber potenziellen Kunden. Auf der Homepage und den Social-Media-Kanälen wird regelmäßig mit den Auszeichnungen externer Organisation für besondere Qualität und Kundenzufriedenheit geworben (Bodystreet, 2021c). EMS-Training ist für Kunden ohne Praxiserfahrung schwer mit dem herkömmlichen Krafttraining zu vergleichen. Um ebenfalls Interessenten aus dem klassischen Fitnesssegment als Kunden zu gewinnen kommuniziert Bodystreet die Vorteile und Unterschiede ihres Systems ebenfalls klar auf den gängigen Kanälen (Bodystreet, 2021d). So fällt es den Interessenten leichter sich mit den Vorteilen und dem Angebot zu identifizieren und gegebenenfalls den Anbieter im Fitnessmarkt zu wechseln.

Bodystreet ist demnach in den Bereichen Franchisepartner, Mitarbeitergewinnung und Kundengewinnung engagiert einen Qualitätsunterschied zu vermitteln.

Meridian Spa Eppendorf

Auch das Meridian Spa in Eppendorf nutzt vor allem die Homepage um gegenüber den Kunden den Qualitätsvorsprung deutlich zu machen. So wird mit klaren Kennzahlen wie 10.500qm Fläche auf sieben Etagen geworben (Meridian Spa, 2021a). Die große Fläche verspricht dem Kunden somit ausreichend Platz für das individuelle Training und kein lästiges Anstehen bei häufig genutzten Trainingsgeräten.

Durch die Darstellung einer möglichst großen Angebotsvielfalt (Power Plate, Functional Area, Wellness, ZEN-Garten etc.) sollen zudem viele Interessenten angesprochen werden, um einen großen Mehrwert für den Endkunden zu kommunizieren (Meridian Spa, 2021b). Das Meridian Spa stellt sich somit nicht nur als Premium Dienstleister im Bereich Fitness dar, sondern auch in den Bereichen Wellness und Spa.

Um nicht ausschließlich mit der reinen Angebotsmenge, sondern auch mit der Qualität zu überzeugen, wird ebenfalls mit einem Qualitätssiegel für Wellness auf der Homepage geworben (Meridian Spa, 2021c). Durch dieses unabhängige Qualitätssiegel wird dem Endkunden glaubhaft versichert, dass es sich um ein Premium-Studio handeln muss.

Für jedes Angebot sind zudem detaillierte Auflistungen der Ausstattung mit eindrucksvollen Bildern vorhanden. So wird beispielsweise das Fitness Angebot mit positiv wertenden Attributen (erstklassige Geräte) umschrieben (Meridian Spa, 2021d).

Der kommunizierte Preis wird dem Kunden über ein FAQ auf der Homepage erläutert. Hier wird detailliert auf die Qualität in allen Bereichen des Standortes, von der Kinderbetreuung über 363 Tage im Jahr, bis hin zu den kostenlosen Parkmöglichkeiten vor dem Standort eingegangen (Meridian Spa, 2021e).

Für den Bereich der Online-Recherche von Endkunden deckt das Meridian Spa in Eppendorf somit eine Vielzahl an Qualitätsversprechen auf der Homepage ab um sich von Mitbewerber abzusetzen.

4 Spitzenlast-Preisbildung

Im Tagesgeschäft eines Gesundheitsdienstleisters ist die Nachfrage während der Öffnungszeiten nicht gleichmäßig über den Tag verteilt. Beispielsweise gibt es Stoßzeiten in Fitnessstudios die in Verbindung mit den Arbeitszeiten der Mitglieder stehen. Ebenso ist vorstellbar, dass in Einrichtungen die 24 Stunden geöffnet sind zur späten Nachtzeit weniger Kunden das Studio betreten als zum Nachmittag oder Abend.

Für diesen Fall wird die Spitzenlast-Preisbildung genutzt. Sie hat zum Ziel durch unterschiedlich hohe Preise zu unterschiedlichen Zeitpunkten die wirtschaftliche Effizienz eines Unternehmens zu steigern. Die Gewinnmaximierung steht hierbei nicht im Mittelpunkt (Pindyck & Rubinfeld, 2013, S. 555–556).

Mit einer hohen Auslastung sind auch die Grenzkosten durch steigende Produktionsfaktoren, beispielsweise durch einen höheren Personalbedarf steigend. Somit ist es sinnvoll, zu Zeiten mit hoher Auslastung, einen höheren Preis zu verlangen als zu Zeiten mit weniger Auslastung.

Das sorgt zudem dafür, dass sich beim niedrigeren Preis mehr Interessenten vom Angebot angesprochen fühlen und Kunden werden. So fällt es zur Öffnungszeit mit grundsätzlich wenig Nachfrage dazu, dass zumindest die Fixkosten gedeckt werden können. Abbildung 4 verdeutlicht diesen Zusammenhang nochmals grafisch.

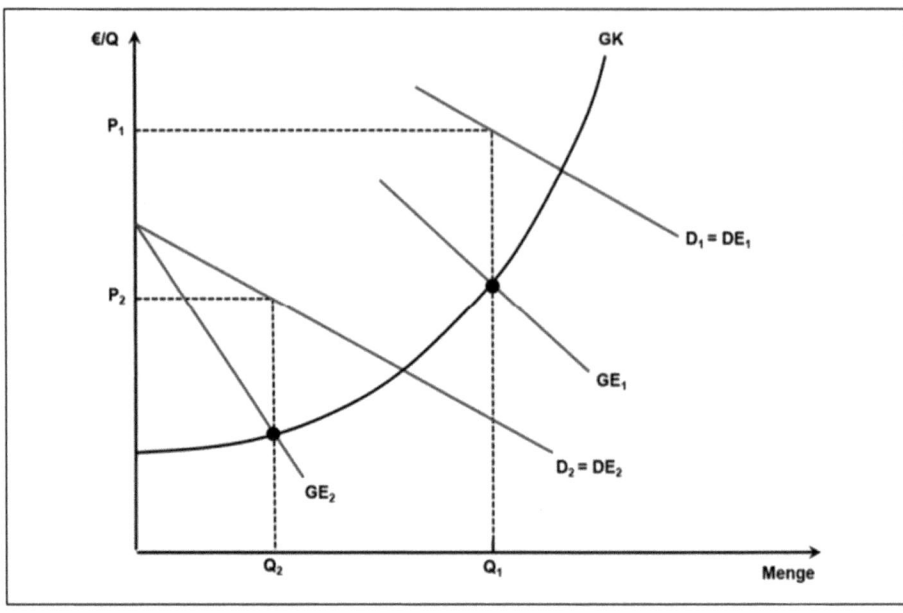

Abbildung 4: Spitzenlast - Preisbildung (modifiziert nach Pindyck & Rubilfeld, 2013, S. 558)

Die Grenzkosten (GK) nehmen mit steigender Auslastung stark zu. Der Zeitpunkt der hohen Nachfrage wird durch die Nachfragekurve D_1 dargestellt. Zur Preisermittlung wird der Punkt betrachtet, an welchem die GK den Grenzerlösen (GE_1) entspricht. Von dieser Nachfragemenge Q_1 hier wird nun eine senkrechte Linie nach oben zu D_1 gezogen, um den idealen Preis in Höhe von P_1 abzulesen. Der erwirtschaftete Gewinn ergibt sich aus der Länge der senkrechten Linie.

Die Preise des Unternehmens richten sich bei geringer Auslastung nach der Nachfrage-kurve D_2. Es wäre nicht sinnvoll den Preis P_1 zu verlangen, da die Nachfrage für diesen Preis entsprechend D_2 gleich 0 wäre. Um den Preis zu bestimmen betrachtet man den Punkt an welchem die Grenzkosten (GK) den Grenzerlösen (GE_2) entsprechen und zieht wieder eine senkrechte Linie zur Nachfragekurve D_2 nach oben. Der Schnittpunkt kenn-zeichnet nun den idealen Preis zum Zeitpunkt der Nachfrage Q_2. Auch in diesem Fall ergibt sich der Gewinn aus der Länge der gezogenen senkrechten Linie.

In der Praxis lässt sich dieses theoretische Modell an folgenden Beispielen anwenden.

Siebequell Gesundzeitresort in Weißenstadt

Im Siebenquell Weißenstadt existieren zwei Tarife die sich preislich nach den Öffnungszeiten richten. Im Spartarif ist ein Besuch nur zwischen 7:00 Uhr und 15:00 Uhr erlaubt.
Beim Normaltarif kann der Besuch hingegen bis 20 Uhr stattfinden. Unabhängig von der
Mitgliedschaftsdauer gibt es einen Preisunterschied von 10 € zwischen den beiden Tarif-
modellen (Siebenquell, 2021). Das Studio wird gekoppelt an einen Hotelbetrieb genutzt.
Die Zufriedenheit der Hotelgäste hat einen hohen Stellenwert für die Weiterempfehlung
und damit den Umsatz des Hotels. Daraus ergibt sich der Grund den Hotelgästen zur
Abendzeit ein möglichst gering besuchtes Studio zu ermöglichen, um den Nutzen aus
dieser Zufriedenheit zu ziehen. Der Preisunterschied ist demnach sowohl an die Kundenzufriedenheit der Hotelgäste, als auch an der variierenden Auslastung des Studios gekoppelt.

Athletico-Fitnesscenter in Stukenbrock

Im Athletico existiert ein Vormittagstarif ab 15,90 € und ein Ganztagestarif ab 20,90 €.
Hier wird der günstigere Preis hingegen nur zwischen 4:00 Uhr und 13:00 Uhr angeboten.
Die Uhrzeit ist demnach wesentlich eingeschränkter als im vorherigen Beispiel. Das kann
daran liegen, dass auch Kurse im Bereich BBP, Bodyforming oder Zumba, speziell für
Frauen angeboten werden. Die Zielgruppe der Hausfrauen oder Mütter in Elternzeit kann
für die angebotene Uhrzeit demnach eine größere Rolle spielen um sie als Kunden zu
generieren.

Wie an den beiden Beispielen ersichtlich kann die variierende Nachfrage und der damit
verbundene Preis (vgl. Abb. 4) an den unterschiedlichsten Gegebenheiten der Studios ge-
knüpft sein. Ebenso ist die Uhrzeit oder der Preisunterschied in Praxis nicht an eine Norm,
sondern an die individuell vorliegende Nachfragekurve des Studios ausgerichtet. In beiden Beispielstudios findet die Spitzenlast-Preisbildung Anwendung um das Ziel der wirt-
schaftlichen Effizienz zu erreichen.

5   Literaturverzeichnis

Athletico GbR. (2021). *Die Preise*. Zugriff am 24.01.2021. Verfügbar unter https://www.athletico-fitnesscenter.de/

Baßeler, U., Heinrich, J. & Utecht, B. (2002). *Grundlagen und Probleme der Volkswirtschaft* (17., überarbeitete Aufl.). Stuttgart: Schäffer-Poeschel.

Beck, B. (2008). *Volkswirtschaft verstehen* (5., stark überarbeitete und aktualisierte Aufl.). Zürich: vdf, Hochsch.-Verl. An der ETH.

Bodystreet GmbH. (2019a). *Bodystreet Kick-off 2019 im Phantasialand*. Zugriff am 23.01.2021. Verfügbar unter https://www.youtube.com/watch?v=UAMjmg1VSEg

Bodystreet GmbH. (2019b). *Bodystreet Kick-off 2019 im Phantasialand*. Zugriff am 23.01.2021. Verfügbar unter https://www.facebook.com/page/163402013322/search/?q=phantasialand

Bodystreet GmbH. (2021a). *Auch als Franchisesystem klare Akzente gesetzt!*. Zugriff am 23.01.2021. Verfügbar unter https://www.bodystreet.com/de/unternehmen/konzept/

Bodystreet GmbH. (2021b). *Franchise 4.X ON AIR – Episode 25*. Zugriff am 23.01.2021. Verfügbar unter https://www.facebook.com/bodystreet/posts/10158079338623323

Bodystreet GmbH. (2021c). *Unsere wichtigsten Mitgliedschaften und Auszeichnungen*. Zugriff am 23.01.2021. Verfügbar unter https://www.bodystreet.com/de/unternehmen/historie/

Bodystreet GmbH. (2021d). *Vorteile und Ziele: Leistungssteigerung durch EMS*. Zugriff am 23.01.2021. Verfügbar unter https://www.bodystreet.com/de/ems-training/vorteile-und-ziele/

Bundeszentrale für politische Bildung. (2016). *Polypol – vollständige Konkurrenz*. Zugriff am 11.01.2021. Verfügbar unter https://www.bpb.de/nachschlagen/lexika/lexikon-der-wirtschaft/20298/polypol

Demmler, H. (2000). *Grundlagen der Mikroökonomie* (4. Aufl.). München: Oldenbourg.

Destatis. (2021). *Demografische Aspekte. Demografischer Wandel und Bevölkerungs-zahl*. Zugriff am 11.01.2021. Verfügbar unter https://www.destatis.de/DE/Themen/Quer-schnitt/Demografischer-Wandel/textbaustein-taser-blau-bevoelkerungszahl.html

Gawel, E. (2009). *Grundzüge der mikroökonomischen Theorie* (1. Auflage). Lohmar/Köln: Eul.

Kortmann, W. (2006). *Mikroökonomik. Anwendungsbezogene Grundlagen* (4., durchge-sehene Aufl.). Heidelberg: Physica.

Mankiw, N. G. (2004). *Grundzüge der Volkswirtschaftslehre* (3., überarbeitete Aufl.). Stuttgart: Schäffer-Poeschel.

Meridian Spa. (2021a). *Meridian Spa & Fitness Eppendorf- besser geht es kaum*. Zugriff am 23.01.2021. Verfügbar unter https://www.meridianspa.de/standorte/hamburg/eppen-dorf/

Meridian Spa. (2021b). *Unsere Highlights in Hamburg Eppendorf*. Zugriff am 23.01.2021. Verfügbar unter https://www.meridianspa.de/standorte/hamburg/eppendorf/

Meridian Spa. (2021c). *1. Platz Testsieger Wellness/Day Spa.*. Zugriff am 23.01.2021. Verfügbar unter https://www.meridianspa.de/standorte/hamburg/eppendorf/

Meridian Spa. (2021d). *Zahlen und Daten*. Zugriff am 23.01.2021. Verfügbar unter https://www.meridianspa.de/zahlen-fakten/#c1526

Meridian Spa. (2021e). *Fragen und Antworten*. Zugriff am 23.01.2021. Verfügbar unter https://www.meridianspa.de/fragen-antworten/

Pindyck, R. S. & Rubinfeld, D. L. (2013). *Mikroökonomie* (8. Aufl.). München: Pearson.

Robert-Koch-Institut. (2015). *Gesundheit in Deutschland* (Gesundheitsberichterstattung des Bundes – Gemeinsam getragen von RKI und Destatis). Berlin. Zugriff am 11.01.2021. Verfügbar unter https://www.rki.de/DE/Content/Gesundheitsmonitoring/Gesundheitsberichterstattung/GesInDtld/gesundheit_in_deutschland_2015.html;jsessionid=00189C7D9822B80B0E44C17006A81318.internet101?nn=2379316

Siebenquell Gesundzeitresort GmbH. (2021). *Preise Mitgliedschaft ab 16 Jahre*. Zugriff am 24.01.2021. Verfügbar unter https://www.siebenquell.com/physio-fitness/fitness/

Stiglitz, J. E. & Walsh, C. E. (2010) *Mikroökonomie*. Band I zur Volkswirtschaftslehre (4. Aufl.). München: Oldenbourg.

Varian, H. R. (2011). *Grundzüge der Mikroökonimik* (8. Aufl.). München: Oldenbourg Wissenschaftsverlag.

6   Abbildungs- und Tabellenverzeichnis

6.1   Abbildungsverzeichnis

6.2 Tabellenverzeichnis